핑크, 펑크

신재화 시집

상상인 시인선 *065*

•본문 페이지에서 한 연이 첫 번째 행에서 시작될 때에는 〈 표기를 합니다.
•저자의 의도에 따라 작품의 보조 동사와 합성 명사는 띄어쓰기가 달라질 수 있습니다.

핑크, 펑크

시인의 말

굴피와 억새와 드센 바람과 어린
새가 있는 둥지는 좀처럼 모양을
갖추기 어려웠습니다. 오래 손 모아
쥐어도 뚜렷한 모습이 없었으므로
흐르는 집으로 고쳐지었습니다.
누군가의 마음 하구까지 닿는
일이라면 좋겠습니다. 눈부처 맺힌
순간들이 등잔 아래 모여 그리운
얼굴로 소환하면 좋겠습니다.

2024년 12월 신재화

차례

**1부
멀리 다녀온 말들**

이따금 천변으로 오시는	19
손톱 응달	20
창밖에는 장미가 내린다	22
목화의 내력	24
엄마의 초상화	26
바깥 냄새가 좋다	28
거기로 가면 크리스마스예요	30
노포에서	32
솥훑이	34
검정을 징검징검 질겅질겅	36
진하	38
암막의 밀도	40
핑크, 펑크	42
틈새	44
순록은 순하고 북해는 멀고	46
멀리 다녀온 말들	48

2부
백 마리의 말이 끄는 식물원

매미	53
껕태 후일담	54
백 마리의 말이 끄는 식물원	57
설해	58
가족 증명서	60
농막의 나날	62
숫돌	64
상견례	66
엘리베이터 타는 여자	68
피아졸라의 춤	70
오지그릇	72
극우	74
푸른 바다거북을 타고 종려나무 숲으로	76
에로 애로	78
전생과 현생의 행간	79

3부
당신도 어설픈 저녁이란 걸 나는 몰랐습니다

물조리개로 조리한 아침 한 분(盆)	83
나는 그곳에 살았다	84
큰꽃으아리	86
사슴 정원	88
서툶	90
하늘 걸기	92
태실	94
누드 花	96
골상학	98
타인 냄새	100
언박싱	102
담배꽃 소란	104
心, 부름	106
와이키키	108
레가토legato한 여자에게 선물하기로 마음먹었다	110

4부
모든 문장은 심해로 가기 위해 발목을 씻는다

두런두런한 두리안을 안고	115
도라지차를 마시며	116
공룡능선	117
여수 물녘을 걸었다	118
돌산에서	120
정글	122
애인 뿔 솟았습니다	124
멋진 여자임이 틀림없습니다	126
물빛 도서관	128
체스 오프닝	130
그곳에 가자	132
햇살 만선	134
비양도 전설	136
바다 삽화	138
푸날라우 베이커리	140

해설 _ 그리움의 두께	143
황정산(시인·문학평론가)	

1부

멀리 다녀온 말들

이따금 천변으로 오시는

  유정한 말이 무정한 표정이 되고 무정한 표정이 유정한 손길이 된다 냇물에 담가 놓은 얼굴을 꺼내 보면 너는 있으나 나만 없는 것이 무엇인가를 생각하게 된다 손숫물에 둥둥 죽어 투명한 것들 주먹을 조용히 쥐었다 펴 본다 비록 내 손에 당신 몸 조각 하나 남지 않았으나 아침에 나선 길이 저녁이 되고 저녁이 된 당신이 나의 아침이 될 날들을 생각한다 저 천변 한 아름도 못 되는 둘레를 같이 돌아주는 사람이 없겠는가 물가 고인 듯 보이나 옛것은 이미 풍화되어버린 유적 그 둥근 곁에 하릴없이 피고 지는 풍경으로 나는 살다 간다 환영이라도 꿈길이라도 다시 오신다면 반듯한 옷 한 벌 해 드리고 환한 꽃비 흠뻑 젖어보시라 여쭙겠는데

손톱 응달

모란을 생각하다 저물었다 내가 좋아하는 사슴에게 기울기를 잊은 채 말했다

- 머리에 인 화관이 핏빛이네 이제 용서할게

사금파리를 옮기는 붉은 달이 있었다 눈을 들어 많은 것을 생각했고 더 많은 것을 지우기도 했다

만져보면 햇빛도 들지 않는 다락방

- 더러는 결이었고 때로는 비겁이었어

백 년도 모자란 발목을 따르는 새벽
곡기를 끊은 독기를 만져보다가 열 개의 그늘 뒤에 남은 날들을 헤아려 본다

사슴을 탐독하려다 아름답게 말하는 손톱 적설을 태운다

푸른 머리에 얼음을 붓고
부고를 읽기도 전에 다 마르지 않은 나를 낭독하며

끄트머리가 붉기를 바란다고

 만년설은 언젠가 꽃눈을 찾으러 떠날 것이다

 시듦을 알기에 모란을 생각하다가 오뉴월을 보냈다

 가슴뼈 환한 화관 사이로 서성이는 날갯짓 잊은 날개들

 어느 한적에 놓인 목련 한 그루와
 사슴을 잃은 가슴

 화관을 쓰려다 붉게 물든 손톱 응달을 오래 보았다

창밖에는 장미가 내린다

 노후는 모국어와 잘 어울렸다

 창에 비친 모습은 이국적이라서 쉽게 말을 놓을 수 없다 아픈 줄기를 잡고 애써 매듭을 만들면
 창 너머 먼 곳에서 내리는 단비를 만나게 된다

 빨강이라는 어감은 아파요
 - 비의 관절이 시리다

 창밖에 붉은 새가 찾아와 오래된 연골을 종종 쪼아 먹던 여러 날 나도 한때 향유고래를 만지고 놀았다고, 그런 날이 있었다고

 말을 건네면 닫힌 창이 혼자 떨고 있었다

 모서리 바람 몰아치는 날

 무서운 유형의 지느러미를 보았다고, 그런 날은 시력이 무너졌다고 침착하기 어려운 색깔이 되어 버렸다

 종종 여러 날

눈썹과 입술 사이 장미가 앉았다 갔다

목화의 내력

그러나 이 식물에는 심장이 있었다

도감을 보면 겨우내 호미를 놓지 않던 할아비의 할아비들, 이름이 보인다 어떤 할미는 제 몸 닳는 만큼 평생 길쌈을 해왔다고 한다
꽃은 꽃처럼 한철이었고 사람들은 사람처럼 슬픔을 끄적였다

목화는 온순한 숨결로 생활을 시작한다

어떻게 해야 이들의 심박을 기억할 수 있을까 꽃의 얼굴이 떨어져도 심장의 일을 그만두지 않았다 시간은 시간을 기억하려 애쓰지 않듯이 이들은 우리를 설득하지 않는다

알은 여물대로 여물어 늦은 계절을 피웠다

도무지 동조할 수 없는 시간도 있었다
지금 당신들 앞에 앉은 사람이 당신들의 얼굴로 살고 있다
숨소리가 솜소리처럼 들릴 때 할아비를 안고 할미를

안고 간다

그러므로 돌아온 계절

꽃은 꽃대로 솜털이 돋았다

엄마의 초상화

나는 아빠와 춤을 추는데 아빠는 엄마와 춤을 춥니다

온음의 말들이 모조리 문을 닫고 도망칩니다

나는 엄마를 연기하는 동안 바람을 만지고 노는 중입니다

한 음이 떨어지고

거친 골짜기가 열립니다

아빠의 손가락 사이 걷기는

내 안으로 들어갈수록 고요는 단단해지고 방어적입니다

부재는 부재로 채우면 어떨까요

한 번도 없었던 나의 자리 앞에 엄마를 오래 세워 둡니다
〈

나는 조금씩 허물어지고
엄마의 무늬는 누구의 독백일까

무성하고 서운한 말들이 한 계절 차고 넘치도록 쌓여 있습니다

엄마, 부른 말들이

입술을 타고 다시 고요 속에 묻힙니다

내 안의 소리를 다 재워야 들리는 목소리가 거기 있었습니다

아빠가 조용히 잠들었습니다 소매를 잡고 잠들었습니다

반음에서 멈춘 말들이 방 안 가득했습니다

바깥 냄새가 좋다

화병에 죽은 꽃들이 모여 산다

어감이 강한 꼬리표로 읽혔다

유령이 스며드는 밤이 오고 있었다

안쪽으로 모이는 궁금증들 물음표로 확인할 수 없는 답들

나는 안개가 아니에요
안개꽃이 대답을 했다 걷잡을 수 없는 말들이 피고 졌다

흰색의 항명은 마고의 죽음일지도 모른다 바깥의 세 눈 까마귀가 검정의 암시인지도 모른다

여자는 이럴 때 웃을까 울까

안의 창을 깨고 흰 영혼의 가루를 날려 보낸다

화병의 속은 검정이 번지고 있었다

〈
한밤중에 손이 얼굴을 덮는 기분

여자는 여자를 물었고
바깥은 너무 후각적이다

검정을 위해 물관의 단면을 재빨리 파묻었다
 꽃처럼 식은 하얀 심장들 화병의 바닥에서 서로의 벼랑을 묻고 있었다

안쪽이 모두 끝날 때까지

바깥 껍질은 길게 벗겨야 했다

거기로 가면 크리스마스예요
- 자월도

혼자서 분주한 섬을 찾았습니다

채비를 마친 사람은 알아요 유년의 성탄제
흩어진 구름과 구름, 사이로 연안부두에서 물새 몇이 따라오는 날

기약 없는 섬으로 떠나갑니다
그곳에 가면 눈으로 가득 찬 아기 꽃게 양손 가득 하트로 마중합니다

꼭 크리스마스처럼
하얀 조가비 두른 축제의 날이 시작됩니다

섬의 계단을 따라 내려가면
바다가 복도처럼 반들거립니다

어릴 적 내내 닦던 그 바닥들의 이유를 알게 되었어요

구름의 정문이 열린 후
성에로 만든 유리문이 활짝
〈

바깥은 물을 흉내 낸 차도가 혼자 달리는 중입니다 나는 맞은편 쏟아지는 햇살을 해안에서 마구 주워 담습니다

　트리에 올릴 별을 만들고 싶었거든요

　멈춘 나무들에 물어보아요
섬은 언제 멈추느냐고

　힘껏 쥔 주먹,
심장으로부터 흘러내려 아무것도 남지 않았어요
꽃 속에 핀 꽃들이 갯머리로 마중을 나왔거든요

　조금 전보다 더 불투명해진 눈물을 닦아요 섬이 잠시 바다 한가운데 정차를 해주었습니다

노포에서

바다를 품에 안으면 별해가 떠올랐다

저 경사를 견디기 위해 몇 번의 밀물을 밀어냈을까 아낙의 아랫도리에서 파도 소리 들리면 서레질로 일궈 온 갯것들

물질하느라 무늬가 바빴다

뭍에서 살다 온 손님들
제 안의 절벽 감추느라 웃는 법만 배웠구나 기름진 평야에 서식하던 풀냄새, 바닷물에 데치면 물풀처럼 숨이 죽는다

갈매기가 어슷 썰어 온 바닷물

바지락에 빠져 바다의 시간에 잠긴다

수면에 찍힌 발굽

별들이 다녀간 곳에 한숨 내려놓는다 술 한 잔에 여로가 농밀해지는 사람을 보았다

〈

  소반에 앉아 두 손 모으면 떠나간 사람은 갯벌처럼 돌아눕는다

  아홉 물 끄트머리 물때 좋은 날

  차진 갯벌에 낙조가 곡선으로 떨어질 때

  볼 빨간 아낙은 계속 물을 켠다

솥훑이

약초꾼 아비는 산을 탔다

산행 첫날 새벽이면 어슷 짠 망태기에 딜렁덜렁 미숫가루, 여섯 명의 까만 눈동자를 차렷으로 줄 세웠다

가난은 솥의 가장자리에서 태어나거나 고달픈 아비의 미간과 닮았다

배고픈 아이의 검지를 발견하면 밥물 냄새 물큰, 후각의 첫인사는 더 후각적이다 한 삽 검은 흙을 뜨는 일은 성스러운 동작 같았다 산을 타고 넘나드는 아비는 사나흘 만에 집에 돌아오곤 했다

나흘이 지나도록 안 오는 날이면 마중 나간다

골 깊은 애장 고랑, 송장 씻은 도랑을 뛰어넘고, 상엿집 문 틈새 손짓하여 불러도 등 돌리고 간다

서산 해 질 녘, 눈망울 내려와 밤을 밝히고 졸다 깬 도깨비 불빛에 쫓겨 온 여러 날
〈

솥을 훑이는 나는 수심도 모르고 코를 박는다

유난히 깊은 눈망울 하나 별 좋아라 별 따라 간 날 성주산 아래 골 아비의 손 갈퀴는 흙을 훑는 중이었단다

부레를 벗어 던지고 죽은 것들의 수다를 엿들으며 조용해지는 방법을 고민했다

쇠솥을 불에 달구면 밥 냄새가 얌전히 두 손 모으고 내 이름 불릴 순서를 기다린다

저 가난히 빛나는 흙 위로 누군가의 햇살을 등지고 걷는다

검정을 징검징검 질겅질겅

  인적 없는 물소리를 걷는다

  밤바다는 얇은 피부와 왕복 중이다 성난 물결이 스미면 발끝은 젖어 있었다 정 없이 돌아누운 수평선이 무겁게 느껴졌다

  너울도 폭풍도 외발로 견디던
  저 수컷도

  몹시 몰아치고 싶었을 것이다 푸른 피를 몰아 애먼 절벽으로 악착같이 달라붙고 싶었을 것이다

  바람의 혀가 사연을 적다가 그만둔다

  혀끝이 쓸린다 몇 겹으로 와야 선명해질까 얼마나 벗겨내야 물먹은 모래가 속살마저 뜨거워질까 밤새도록 기대고 포개고 쓸리고 다시 덮치고, 낯 뜨겁게 물가의 길이를 재고 있다 남몰래 어깨가 흔들렸다

  한사코 돌아누운 해미 짙은 시간
  〈

녹는다 몰래 녹는다 물결 닮은 숲이 뭍을 향해 눕는다
몽돌을 쥔 사내는 나이테 지운 나무 같다

흩어진 깃털이나 혼자 남은 나뭇가지는 사내의 마지막 손짓이라고, 비틀거림은 뭍에서 배운 것이라 말했다
몇 개의 미련은 여전히 공중에 걸려 있고 젖은 등을 이고 지는 푸른 눈의 사내가 길 잃은 날짐승처럼 흔들렸다

오늘 밤엔 파랑과 너울 꼭대기가 좋겠다
밤새운 등대들이 모조리 정전이어도 좋겠다
검정이 모두 한 몸 같아서 수평선 우는 소리만 서럽도록 들어도 좋겠다

수컷의 얼룩이 쉬이 지워지지 않을 것 같았다

진하

   모래놀이를 시작했다

   나는 섬이라고 말했고 진하는 성이라고 말했다

   무너뜨리는 일에 열중했다
   나보다 어른스러운 진하는 나보다 어린 두 손으로 모래를 파내고 있었다 나는 진하의 손이 두 개의 섬일 거라 했고 하나로 모일 때까지 가늘어지는 모래뼈를 보았다

   소멸해가는 것들 속에서 진하를 멈추게 하는 건 한참의 시간이 지난 후였다

   내가 기억하는 한 꼭대기의 깃발은 사라지지 않았다
   우리의 놀이는 그리움을 지우는 일이라며 한동안 입을 삐죽거려야 했다

   한 뼘 한 뼘 자란 나는 진하를 내려다본다 모래 속에서 시간이 멈춘 진하를 안아보고 싶었다

   섬의 둘레길을 따라 오래된 물 냄새가 났다

혼자 시간을 다 써버린 나는 해줄 말이 많았으나 할 수 있는 말은 없었다

　진하는 이미 진하 나름대로 이해하는 표정이었다

　진하는 파도앓이로 아프다고 말했다 거봐 섬이 맞잖아
　말하기가 무섭게 진하는 두 손을 잡는다

　모래성이 무너지고 섬이 가라앉고 내 두 손에 새살을 거부하는 딱지가 앉아 있었다

암막의 밀도

손님이 두고 간 여백이 서너 개 쌓여 있다

참 고맙다고 인사를 할 뻔했다

내 안의 여백은 이제 장난감으로 가득 채워진다

혼자 깊은 곳 생손을 앓아야 했다 내 안의 길은 익숙한 사람만 걷던 거님길

이제 나는 장난감의 손을 잡고 혼자 거닐어 본다

소문이 누군가의 상처가 된다면 차라리 종말처럼 아프길

나는 헷갈린다

해방의 날과 자괴의 날

손톱을 깎지 않아 더 날카롭게 행복한 날

저기 어느 집의 서랍에서 꺼낸 암막의 밀도가 장난감

처럼 혼자 장난 중이다

　슬픔의 보존법칙을 아냐고 물었다 누군가는 간신히 누군가처럼

　혼란을 가랑이 사이에 끼우고 상처를 민다

　몸이 필기체처럼 휘어졌다

　난장의 날을 고대하면

　어느 더운 날의 감기처럼 고열이 오를 때

　한 몸으로 떨고 있었다

핑크, 펑크

약속은 등줄기를 타고 흘러내립니다

그 세상을 어린 신부의 분홍빛이라고 표기하겠습니다

여기는 햇살이 등 돌린 반지하

싸구려 로션 쌤플 하나로 분홍이 되던 얼굴이 있었습니다 그대 마음과 함께 포개어진 두 손

그날의 약속은 매일 성탄제 같았어요

때론 녹슨 바다를 향해 외치는 가난들을 보면 고래 숨통이 터트리는 분수가 떠오릅니다

몸 한구석이 뜨거워지면 작은 방은 박하향
그러나 심해에 잠든 폐선을 그리워했는지 모릅니다

내 마른 혀를 다 기록할 수 없습니다

손 모아 밝힌 별뉘 한 조각씩 나누면 가난하여도 아름다워지는 이유를 가르쳐 줍니다

〈
촛농이 구멍 난 약속을 메우고 새벽은 다시 첫새벽

우리는 핏자국 물든 시간을 생각해야 합니다

얼룩은 때론 거룩이니까

틈새

자꾸 창밖을 보는 사람

안과 밖 사이를 틈이라고 말한다면 당신의 이름은 새라고 해야 할 것 같다

창틀에 앉은 건 나일까 당신일까

두 마음의 평정을 유지한다는 말

양 날개의 균형이 무너진다 나는 아직 창문을 열어주지도 못했는데

베란다에 놓아둔 언덕은 여전히 둘 자리가 없다

나는 미련 많은 숲처럼 떠난 새를 기다리는데

틈 속에 숨은 바람이 애틋하고 소중해서 가끔은 새의 둥지에서 서성대지만 단호한 언덕의 말씀을 나는 듣고 싶지 않았다

내 기억하는 모든 날이 큰비로 쏟아지면 안식의 나무

로 숲은 채워지겠네

　아직도 나의 왼쪽은 동적이라서 영감이 막 떠오르고 심장의 계절을 잃는다

　곧 베란다의 일과가 끝나기를 기다리다 말고

순록은 순하고 북해는 멀고

앵커리지 공항에 가면
망명을 준비하는 북극을 볼 수 있다

이 방의 풍경은 늘 외롭다고
북해를 만나러 간다고 했다

유빙에서 멈춘 발자국
줄지어 걸어가는 쇄빙선의 뒷모습

가끔은 죽음도 모르는 병일지도
가끔은 녹음도 떠나온 고향일지도

멈추지 않는 순록의 무늬가 눈발처럼 무겁다
그들이 찾아간 꿈속은 절벽이었겠지

바람이 붙잡을 때마다 들리는 그리움
끌다 만 썰매라도 맹목처럼 반가울

발자국의 깊이가 혼자 알게 된 길이라고
순하디순한 표정의 바닥에 닿는다
〈

몇 개의 바다를 잃고 몇 개의 언덕을 부른다
비행의 기분이 순록의 이마를 스치고 지나간다

멀리 다녀온 말들
― 원주 만두축제에서

좌판에 앉아 만두를 먹는다

어느 계절 멸망한 사람들이 줄을 선다

근처 시내에선 축제가 한창이었다
내 모근 잃은 기억이 하얗게 흩날릴 때

나는 사라진 당신의 말들을 그리워하게 된다

모락모락 피어오르는 만두알 속
당신의 손안에서 빚어지던 예쁜 꽃을 닮았다
투박한 말들이 육즙처럼 터진다

질문도 하기 전에 도착한 말들이 있었다

세상에서 가장 느리게 시간이 흐르는 곳
노모의 쓰러진 풍경을 다녀왔다
눈물이 가난한 세상을 가득 채운다

뜨겁게 달아오른 말을 힘껏 눌러 삼켰다
그럴 때면 나는 만두의 날숨을 만져보고 싶었다

〈
당신의 체온과 닮은 말들
머나먼 고향으로 나를 데려갈 수 있을까
매일 집에서 당신을 만날 것 같은데

세상에 없는 농담 같은데

오늘도 쓰러진 풍경을 다녀오는데

2부

백 마리의 말이 끄는 식물원

매미

나무 둥치에 헌 집 하나가 매달려 있다

등골을 찢어 몸은 떠났는데 사지 눈동자 감싼 꺼풀 고스란히
나무 한 축을 밀고 있다

곡두가 이렇게 선명할 수 있나
한사코 붙박이인 동작은 굼벵이 시절의 이골일 것이다

완강하게 연필을 쥐고
매미는 여름을 적다 떠났다

물관으로 스민 육필의 울음소리 때문인지
곡두서니빛 잎사귀가 더운 바람을 밀어내며 뒤척이곤 한다

꺽태 후일담

간만에 꺽태 엄니를 보러 갔다

곁을 지키던 검둥이는 낮이 너무 환해서 지워졌다고 한다 밤만 되면 검정을 찾은 울음이 동네를 혼자서 지키곤 했다

검둥이가 묶여 있던 오래된 나무는 엄니의 무게를 견디지 못할 정도로 말라갔다 그래서

다행이라고 지나가는 사람들이 말을 보탰다

젊은 날 어디를 얼쩡대다가 마을로 들어왔는지 아는 사람도 없었다

가끔 인생은 돌팔매질처럼 그렇게 어디든 날아가고 어디든 상처를 내는 것뿐이니까

그래도 검둥이는 그 마른 꼬리로 하늘을 날 듯 움직였다

검둥이는 엄니의 탯줄이 궁금하지 않았다

엄니의 슬픈 가락이 모두 지워질 때까지 그림자를 핥아주었다

몇 번의 계절이 소리소문 없이 지나가던 어느 날

순풍순풍 애도 잘 낳던 엄니는 큰 방귀 한 방 날릴 때마다 묵직한 밥그릇이 하나둘 늘었다

힘에 부쳐 배앓이 못 견디던 날에는 저수지 제방 위 뚝성의를 검은 보자기를 뒤집어쓴 후 구르기를 수십여 차례, 검둥이만 혼자 하늘을 울고 있었다

하늘 막고 선 뒷산을 향한 비명이 사방으로 튀었다
둥근 아랫배에 소리가 부딪힌다

욕과 함께 낳은 막내 놈 등치는 미루나무와 바람피워 낳았다고 바람 따라 전한다

엄니는 바람들과 함께 노래를 피해 달아났다

이름 모를 동네 검둥이들의 이름이 하나하나 달아

났다

　이제는 생각이 나지 않는다

백 마리의 말이 끄는 식물원

은사시나무를 아시나요?

당신 앞에 놓인 하루를 키운다면 저런 모습이겠지요

그리고 우리의 거리가 저만큼의 간격이 되겠네요
나의 쓸모는 저기 백색의 숲에 놓고 왔답니다

우리는 서로 비슷한 세포를 모시고 산다고 말하고 싶어요

저 백색의 금속성이 너무 아프다고 몰래 말 전해달라고 말입니다

우리가 얼마나 식물적인지 우리가 알 필요는 없어요
저 백색의 녹음을 만지며 우리는 둥근 식물원이 됩니다

흙내 가득한 하루의 무덤

우리를 마중 나오는 날, 우리는 다시 묘목원이 되겠습니다

설해

오래된 것들이 냉동실에 쟁여 있다

언제부터 언 말들뿐인지 시작은 아무도 모른다
매일 손잡이의 갈등을 챙겨야 했다

속사정을 모르는 건 검은 비닐 때문일까 성에는 유통기한이 없었다

뾰족한 말들이 냉장실까지 스며들 것 같았다

까슬까슬한 변명들이 설경이다

매일 가는 팔뚝으로 견뎌야 하는 무게가 있다 가끔은 나도 검은 비닐을 뒤집어쓰고 눈보라 속에 숨고 싶다

언제 담겨진 말인지 몰라도 이미 숨이 죽었다

지난 명절 버리지 못한 제사 음식인지 용도를 잃고 만 생일날 먹다 남은 떡인지

첫아이 임신 때 듣고 싶었던 말인지

〈
　아무래도 상관없다고

　겨울나무처럼 부러지는 가지의 절경 상처에는 유예가
없나 하루의 도처에서 쓰러지는 마음들을 본다

　손잡이를 지우는 세월

　나라는 고목이 붙박이로 죽는다

　봄도 오기 전에 정녕

가족 증명서

막 그친 비가 맹신한 날씨를 흔들어댄다

종일 텃밭에 숨은 남편은 오이 덩굴처럼 끙끙 앓는 소리를 내며 김을 맨다 어두워질 때까지 잡초를 뽑고 곁순 지르며 가지를 다듬는다 방금 도착한 이야기는 금방 숲이 될 것 같았다
남편의 호미는 무의식적으로 침묵의 골을 깊게 파고들었다

어쩌다 내가 남편을 열고 들어가는 날
뒤뚱거리며 코를 푸느라 나도 모르게 휴지를 가리켰다

남편 몸속에 무언가를 찾으러 갔다가 무엇을 찾으러 왔는지 잊어버리고 되돌아 나온 날이 며칠
문은 쉽게 열려 있었으나 관계자는 없었다 남편은 나를 먼저 열어보는 일이 없다 거리는 불규칙적 관계를 무마한다

그러면 아무 일도 없다는 듯이 하던 일을 열심히
〈

혼자 하는 연주가 한가로이 떠돈다

본래 가족은 이렇다저렇다 말을 하지 않는다고 남편은 텃밭에 엎드려 싱싱한 푸성귀를 가꾸고 나는 그림자를 앞세워 동동거리며 살아간다 어느새 우린 텃밭 간격을 조절하는 막연한 저녁을 맞이하고 있다 돌변하는 날씨가 겨우 위로가 될지도

지쳐 채우지 못한 이랑 위
스스로 뿌려지는 씨앗들

비문이 발굴되는 날을 본다

농막의 나날

윗목엔 이름 없는 무덤이 졸고 있었다

아랫목 실개천은 살아 있는 것들의 소리가 겹쳐 흐른다 오래 묵정밭이었던 곳에 몇 포기 성근 마음이라도 심기로 작정한 날부터

텃밭의 손잡이를 의심하지 않았다 도무지 풍경의 범위를 벗어나지 못한다
풀의 전면전을 감당하기엔 애초에 글러 먹은 것이어서 가령의 위험을 그냥 두고 볼 때가 많다

줄기로 말하고 잎으로 소리치는 땅속 젖은 야행성 땅심 출렁거리는 그림자의 터, 진흙 옷 입은 화덕과 작은 연못의 유영도 애틋한 적막의 테두리라고

그곳에 나의 푯말을 세웠다
그곳에 시집을 지었다

어서 오세요,
내일은 함께 걸어도 좋겠습니다
혼자서 대화하는 사람의 그림을 엽서로 보내렵니다

〈
함께 울기에 참 좋겠습니다

오래전의 상실이거나 언덕 너머로 사라진 애장골 또한 두려움과 유년 골짜기에 왁자하던 꽃비 그러모아 풀빛 여울로 흐드러진 숲속의 섬이 있다

산마루 넘는 붉은 띠와 멀리 있는 사람과 생각하는 사람의 바깥
아무 때마다 휘몰아치는 풀의 척후

이곳은 개인 사유지로 무단출입을 허용합니다

난데없이 가혹하였고 속절없이 항복하기 위해 농막으로 가기로 한다

숫돌

안에서 밖으로 밀어낸다

마모되는 것들은 늘 가까운 곳에서 울었다

한 끗 차이가 그날의 쓸모를 결정한다

나는 건반 위를 달리는 피아니스트, 절지를 상상하며 성장했다고 말하겠다

어깨며, 무릎 손목

숱한 세월이 연장들의 수명을 위해 기꺼이 난간으로 나간다

나의 구석이 집의 기울기를 대신한다

굽은 허리로 부패된 기억 속을 욱신 뒤진다

- 아버지는 농사일하시다 서녘에 해가 걸리면 어깨를 펴 보이셨다
베어온 꼴, 작두에 슥슥 베어 문 여물통은 먹음직한

냄새가 풍요를 말했다 숫돌을 돌리는 아버지, 아버지가 나를 점점 밀어낸다 나는 점점 날카로워진다 두리뭉실한 내가 차단한 나에게 말을 건넨다

  - 이가 나가면 다시 시작해요
  대답은, 잠시 고여 있었다

상견례

　당신의 딸이 자기보다 어려 보이는 나무를 안고 있다 날카롭게 파헤친 흔적 안에 심장 한 그루가 살고 있다고 한다

　내 몸속 그늘이 나무의 몸속에 스며들 때 당신의 딸 앞에 우리 한 그루가 되는 날
　구름도 잠시 멈추는 것 같았다 바람이 불면 활엽의 앞면과 뒷면이 모두 반짝거렸다
　흙의 생채기가 딸의 무릎을 훑아주었다 분명 꽃은 천국에서 필 거야

　나의 그림자에서
　나무의 그림자에서

　이승을 떠나지 못한 사연들이 새어 나왔다

　내 안의 나이테를 따라 지층이라도 쏟아질까

　우리의 딸들은 알 거야
　나는 가만히 당신 딸의 볼을 닦는다
　〈

마른 흙 위에 손바닥을 댄다 심장이 뛰었다 한 손씩 나누어 합장합시다 흔들리는 숨소리는 누구의 노래입니까 당신의 딸이 기도하는 동안 나도 당신 옆에 한 그루가 되겠습니다

 비가 올 것 같았다
 그늘의 면적이 모두를 안는다
 울컥울컥 쏟아질 것 같은 하늘

 우리의 딸은 계속 신을 찾았고 신 아닌 것들이 딸을 키우고 있었다 그루가 그루의 손을 이끌어 온통 숲이다

 그림자들은 이미 서로 안고 있었다

엘리베이터 타는 여자

중년이란 말은 무겁습니다
여자라는 낱말을 먼저 태워 보내렵니다

이 여자의 바깥에는 여자가 없는가 봅니다
이 상자의 내부에는 상자만 있는가 봅니다

고유명사는 내려본 적 없는 층수와 같습니다
여자의 이름은 투명한 온도를 견디고 있습니다

F는 간절한 것들이 모여 사는 곳, FLY!
상자는 조류의 기원인지도 모르겠습니다

퇴화된 꽃잎이 아라비아 숫자로, 돋을새김 상자는 이름 없는 여자들의 둥지가 되었습니다

절기의 순서에 따라 자라는 상자가 있습니다

죽음의 날
개가 된 이름들
떨어진 날개를 만져보면 이유가 슬펐습니다
〈

한 마리의 새 덕분에 공중이 고요해졌습니다

여자는 F층을 누르고
중년은 비상구로 걸어 올라옵니다

피아졸라의 춤

양손을 모두 빼앗긴 사람
반도네온과 탱고의 체위는 유사하다

동작 시작하기 전
왕이 건넨 체리를 입속으로 던진다

악사의 음률은 건조해지고
왕의 혀가 굳어질 때까지 허리를 돌린다

체리가 일탈하지 않도록, 쉿!

　수년간 쌓아온 반도네온의 목소리가 나를 줄였다가 편다 수없이 다녀간 탱고의 발자국이 나를 이리저리 갈마든다

세상 모든 춤은 불온하다고
질서에 순응하는 사람은 춤을 추지 않습니다

너의 씨앗은 움이 자라지 않아, 체리에게 비밀을!
왕과 나는 두 개의 심장으로 하나의 동작을 만든다
가끔 우리에겐 서로의 몸을 좋아한다는 변명도 필요

하다

  궁정의 구석들과 마주한다
  건반이 건반을 마주 보는 긴 시선들

  오랜 뒤에 내가 발견될 수 있도록 그때 나는 체리를 삼키지 않았다고 둘러대면 그만이겠다

  체리의 당도가 올라간다, 입술의 거짓말을 보았어!

오지그릇

저 만삭이 애처롭다

사위의 경계가 허물어지고 고요가 제 몸을 내비치는 시간

둥근 입을 기울이면
새벽의 근처가 쏟아졌다

아기가 빈 항아리 속에서 엄마를 부르며 놀던 때 귀뚜리 몇 마리 울다 지친 틈새로 숲의 키 큰 나무들이 아기를 재우러 다녀가던 날들

나뭇가지 사이에 쟁여둔 달빛이 자장가를 따라 부른다

비루한 것은
오직 그믐뿐

오래된 이야기를 순치시키다가 작은 인기척에 무너지는 명암이 새겨졌다
〈

언젠가 몸을 푸는 날
푸른 입술이 생겨나야 한다 흙새들이 앉았다 떠날 때

싹이 돋는 만월

고슬고슬한 볼기를 만지고 싶다

둥근 소리를 만들던 손은 이미 물레를 떠났다

없는 이가
귀성을 시작한다

극우

집은 출처도 알 수 없는 기분이었습니다

울타리 오르던 호박꽃 두리번거렸을 것입니다

사립문 활짝 열어 놓고 인기척 없으면 마실 나갔다 금방 돌아온다는 다짐이었을 것입니다

그런 날은 바깥마당 끝 싸릿가지 흔들며 냇둑 흙덩이 대청마루 누워 쉬어가곤 했을 것입니다

채마밭 무릇꽃 저 홀로 피어 굽은 손 불렀을 것입니다
담장 밑 물봉선화 활시위 당기고 있었을 것입니다

창문 방문 활짝 열어 놓은 건 주인이 멀리 갔다는 에두른 사정이었을 것입니다

세찬 비가 오면 맥락도 없이 주인 걱정하다 그만둘 것입니다

해거름 녘에도 감나무 그림자만 마당을 서성거렸을 것이다

〈
 장맛비 따라온 저녁이면 사나흘 밤낮 물 기척 내다 돌아 나갔을 것입니다

푸른 바다거북을 타고 종려나무 숲으로

손가락을 흔들며 몇 개냐고 물었다
나는 어둠의 개수를 셀 수 없다고 말했다

*

고개 숙인 나는
고개가 없는 길버트를 사랑한다

저녁의 장막을 흔들면 실패가 속출했다
나는 흩어진 길버트를 주우며 생각한다

*

길버트와 나는 푸른 바다거북을 타고
종려나무 숲으로 갈 것이다

나무는 흔들려도 숲은 흔들리지 않는다
침엽의 너머에 아득한 기분이 숨어 있다
노을이 길버트의 옷소매를 적신다
나는 언제부터 소매를 쥐고 있었을까
〈

"너는 왜 자꾸 흔들리니?"

흔들리는 사람은 자기가 흔들리는지 모른다
나는 흔들의자에 앉아 길버트와 대화한다

"다행이야 네가 흔들리지 않아서"

푸른 바다거북은
고롱고롱 잠꼬대를 한다

에로 애로

엘리베이터 문이 열리면 빨간 엉덩이를 흔들구요
꼬리는 잘린 채 아름답습니다

하여 나는 그대들의 붉은 귀가를 기다립니다

피가 멈추지 않았습니다 온종일 나를 굴리며 혈흔을 닦아요 나만 아는 인사 '그대들의 안녕'

하여 화사한 현관을 선물하겠습니다

허공 딛고 선 창문에서 하품만 하다 사라지는 붉은 풍선을 보면 몰래 먹는 식탁 위 비스킷 맛인가요

하여 반려라는 여자들을 위해 잔반을 추천하겠습니다

우리에게 침대는 너무 크고요
잘린 꼬리를 만지는 것은 애당초 불가하고요 아무리 핥아도 낫지 않는 부재의 자리

하여 나에게 꼬리의 출처를 물어는 봤느냐고요

전생과 현생의 행간
- 미타암 가는 길

한 움큼의 보시가 가풀막을 오른다

오솔길 극성으로 내리고 미끄러지는 골짜기
동근 송 뿌리 바투 쥐고 포기하지 않는 사람이 있었다

네발짐승의 전생으로 기어오르면 밭은 숨 차오르는 상형문자 땀의 서체가 바위에 기대신다

하오를 머리에 드리운 석총 자손 무탈 비나이다
윗돌이 아랫돌을 괸다 돌층계의 행간마다 두 손 포개셨더라

산행 가는 할매요 봇짐 이리 주이소
손사래 치시며 먼저 가이소
꼬부랑길 내어주신다

흰 부추밭처럼 가도 가도 산문이다 외따로운 눈부처 한 분 비탈진 내 안에 길 닦고 있었다

3부

당신도 어설픈 저녁이란 걸 나는 몰랐습니다

물조리개로 조리한 아침 한 분(盆)

물 긷는 줄기마다 꽃숭어리 밀어 올릴 때 눈 시린 아침을 헹궈낸 꽃받침은 꽃술 흔들어 해그림자 길을 낸다

나는 그곳에 살았다

기억은 나보다 먼저 아름다운 곳에 와 있었다

발목 없는 아비 어미 드나들던 초가라고 아는가 기억은 내가 아니라 이역에 몸을 두고 왔나 보다

산모퉁이 돌아 개울물 건너 이엉 올린 외딴집이 있었다
우리는 그곳에서 살았다 방에는 요강이 있고 요강 속 자다 깬 아이의 소리가 살았다

그런 경치라고 말하면 알까?

겹친 다리 몇 개 사이 작은 기억이 품에 안긴다
몸이 너무 천천히 와서 아이의 이름을 묻지 못했다
우리는 그렇게 쉽게 잊기 위해 산다

삐걱대는 마루에 앉아 공기놀이하고 봉숭아 꽃잎 잔돌에 콩콩 손가락 마디마디 올리고 처마 밑 그림자 길이 따라 오래된 시간이 주무시던 곳을 압니까

다시 돌아보면 기억에 대한 공감각을 급하게 때론 느

리게 답을 써 버렸다고

 오답도 아름답습니까 가끔 시간에 대한 정답은 몸서리치게 만드는데 갑자기 기억이 몸을 지나가는 경우가 있다

 몸은 이미 빈집이라도 된 것처럼

 지붕 위 하얀 박꽃이 필 때 그립던 터 남겨놓고 떠나오던 날 풍경은 도무지 번지를 알 수 없도록 마무리될 것 같았다

큰꽃으아리

꽃이 저녁이 되었습니다

밤은 멀리서 오기에 아직 멈추지 않았습니다
누구 마음을 다녀왔는지 꽃술을 떨굽니다

칡넝쿨처럼 기어 넘던 과수댁, 아들 낳아주면 목돈 쥔다며 대가 첩살이 떠나간 어떤 바다가 몹시 흔들렸습니다

물속에 무릎을 꿇고 사는 오두막 뜰 저 하얀 달꽃의 전생은 절의 뒷면일지도 모르겠습니다

바다가 깃털을 고르는 이유 쉰 살 먹고 나니 조금 알겠습니다

너른 큰꽃으아리

달빛 등 뒤로 어깨를 누이고 있습니다 잎 피우기 위해 돌담 축 무너지고 힘 부쳤겠습니다

물고기 한 마리 없이도 물비린내 나는 이유 쉰 살이

왜 쉰 살인지 알겠다고

　전하는 꽃

　달의 풍경이 흔들리지 않게 움켜쥔 물의 낯을 품습니다

　낯선 꽃잎 떨어지자

　만장의 풍경이 흩날렸습니다

사슴 정원

그녀의 입안에는 늘 뭔가 들어 있다

구름이 데려간 사람을 녹여 먹나 보다 착한 사람을 먼저 데려간다는 말

사슴에게 위로라는 뿔이 자라지 않는 이유를 알 것 같았다
그녀의 정원에 감정이라는 뿔이 자라기 시작했다

사슴의 월면에 앉은 별들을 하나씩 떼어 정원 구석에 피어난 분수에 던져본다

동화를 던지며 소원을 비는 흉내를 낸다

후일담은 없었다 솔직히 궁금한 사람은 그녀밖에 없었다
훗날을 위해 사는 사람만 가끔 분수를 맴돌며 음유를 적는다

시 구절 하나가 저기 구름을 따라간다
〈

다른 정원에 이름 없는 꽃 하나 필지도 모르겠다 이제 그 사람 곁에 심심한 사슴 한 마리 앉아 있겠다

 곧 단두대의 하늘을 올려다본다

 꽃보다 먼저
 져서 다행이라 말할 사람

 그녀는 고개를 끄덕인다

 정원이 온통 꽃밭이 될 것 같았다

서툶

하나 남은 비트 볼은 코로 밀어주세요

서로 가슴을 나눠주기 게임을 할까요?

당신 눈동자에 맞춘 이 밤은 까망입니다 벗고 놀 기분이 아니라고요 연애편지 쓰는 법을 가르쳐 주세요

왼손으로 글 쓰는 법은 아무도 가르쳐주지 않았다

당신이라는 어감이 너무 아프진 않나요?

순간, 내 입안에 고이는 당신의 입김
사실 나 당신 때문에 돌아버리겠다고요

사탕 맛 나는 칼로리로 태우고 싶어요 두 가랑이가 떨리는 세상을 보여주고는 넌 착해서 가질 수 없다고

가식 떨지 마세요

우린 모두 어른이 될 순 없어요
〈

둘이 아름답기 위해

서로의 다리를 교차하자구요 헤어질 때 우린 한쪽 다리로 서 있을 테니까요 외발이 형상으로 쪼그리고 있을 겁니다

그리고 나의 첫사랑은 절름발이였다고 말할래요 절름발이가 하룻밤 나를 이리저리 굴리고 있었다고요

하늘 걷기

목 좋은 곳에 국숫집 하나를 연다

기억에도 없는 단골을 기다리며 바지랑대처럼 한바탕 높이 웃어보자 닫혀 있던 골목을 바라보다가 취객의 걸음을 재는 허름한 문장들

휘청거리는 것들의 미각을 따라 후루룩, 홀로서기에 이골 난 사람이 노을처럼 눈시울을 감춘다

한 젓가락 해 보라고 내민 손이 가끔은 무섭게 무거워진다고 혀 밑에 감춘 계절이 먼저 마중을 나간다

구수한 연기는 음각이 분명했다

기억은 새겨지는 거니까

설익은 나이, 그래도 햇살 한 움큼 쥐고 선 바지랑대가 늠름하다

언젠가는 살진 가을 하늘도 널 수 있겠지 그 싱싱한 가슴을 한입 물어볼까 바지랑대 쥔 소녀의 두 손에 저

녁 같은 물집이 둥실 돋는다

  터뜨리지 못한 것들을 익반죽처럼 넓게 편다

  소녀의 반경이 망설일 때마다 국숫집 가는 골목이 점점 가늘어졌다

  한낮, 태양도 하늘 가운데 자리를 잡을 즈음 소녀의 콧노래가 첨벙대며 걸었다

태실

　한 움큼 주먹을 쥐자 계절풍이 불어옵니다

　오래전 무덤이 따뜻해진 이유를 물으면 바람의 안감을 만져보면 알 거라 말했습니다

　힘없는 손가락을 오므립니다
　어느 계절의 하늘도 몸을 웅크리고 돌돌 말린 휘파람처럼 태아의 자세로 태어날 것 같았습니다

　기억은 지상에 없는 엄마를 그렸다가 지웠다가 폐허가 된 태실胎室에 마지막 끈 하나 남겨 두었습니다

　찬바람을 먼저 보내고 온 날

　진종일 아이 없는 엄마들이 다녀갔습니다 하늘의 처마에 매달린 풍경이 점선에서 실선으로 옮겨갔습니다

　뜨거운 실로 온몸을 감은 고치
　이 땅은 지금 웅크리고 있을 뿐 이젠 눈 감지 않고 엄마를 볼 수 있었습니다
　돌돌 말린 온몸이 졸립니다

〈
햇살이 폐허를 맴도는 날
아이들의 울음이 오랜만이었습니다

누드 花

잃어버린 흑연을 떠올린다

뭉개진 신체가 곡선을 가진다 그림을 그리다 보면 가끔

퇴화된 기관이 궁금해지기도 한다

알몸으로 생식하던 시절 꽃을 피우는 기관이 있었다

우리는 불타는 꽃잎을 목격했다

마음은 내 몸에 산 적 없다 예쁘다 말하면 뼈가 싱싱해졌다

쇄골이 배시시 웃으면 전생이 환해진다

슬프다 말하면서 옷을 벗는다
마음이 무거워지면 몸을 벗는다

우리라는 화분이 무성해지면 다시 우리, 꽃의 노래를 흥얼거리면 된다

〈

　부끄럽다 말하지 말고 다시 우리, 수풀이 발견될 때까지 맨몸을 만지자

　살다 보면 옷이 몸을 더럽힌다

　벌거벗은 이야기는 죄가 없다 우리의 꽃은 죄가 아니다

　마음이 살다 간 자리에 꽃이 무더기다

　쓸모없는 자리에 마음이 흐를 물골이 생겼다

골상학

너는 곡을 맞히는 자
그래서 나는 부드러워야 한다

나는 실제 인물이다 뼈는 실존이다 누군가는 유물론적이라 소리쳤다 등장인물의 주성분을 고민하다 뼈의 탄생을 증명하게 되었다

내재성은 함축적이라는 말과 비슷한 표정

허공에 과녁을 두고

잠시 나는 돌출된 사금파리처럼 높이 솟아오른다

뼈를 추스르는 일 또한 무뎌진 팔꿈치를 숫돌에 연마하는 것 그래서 네가 질문을 던진 후 이가 나간 사기들이 몸속에 쌓여갔다

오랜 균형의 밤이 지난 후 몸의 문을 잠가버렸다

나는 나오지 않는 너를 잊어버린다 너는 곡을 하다 만 나를 사랑한다 누구의 몸이었지 아니 누구의 유언이

었지 발등이 너무 가려워 긁고 긁는다

　뼈가 가려우면 어떡하지

　한동안 달콤한 질문의 흔적을 씹고 씹었다

타인 냄새

소나기를 만지며 놀던 날이었을 거야

꼭대기 층 풀어진 창문
흰 운동화 속은 발목들의 범벅이었다 빗길의 순간은 순간적으로 끝나 버렸다
소리 지르는 날이 즐거운 날이야

끝까지 타인이라고 나는 생각해서
집으로 가는 길들이 범람하는 순간 어깨에 떨어지는 둔탁한 소리는 싫어 솔직히 너무 많은 타인이 만발하고 있어서

고랑은 비의 문장들이 자꾸 주저앉는다

그 순간 폐기된 가족들이 생각을 만들지 내일이라는 주술은 아직 살아 있을까 이제 창문의 형식을 확인하기 위해 나를 던져버리고 첨탑으로 달려간다 문이 굳게 닫혀 있잖아 입술 없는 미소가 왜 긴긴밤을 웃고 있는 거지

선명한 웃음이 너무 자명해서

구제불능이라는 말 그 옆에 나는 서 있었지
  진흙의 문장이 눈시울 무너뜨릴 때까지 눈먼 자들의 이야기가 걸어온다

  손등에 힘줄이 돋아나면 칸나 냄새가 나서 남에게 발견되지 않도록 다시 타인 냄새를 입는다

  두 손과 두 발로 더듬으며 들여놓던 그 잊었던 세계 말이야
  한 마리 칸나가 되어 떠돌았지 비 그치면 혼자서 많아지는 식물의 말 저 멀리 한쪽 날개로 날아가는 노래를 듣는다

  다시 어제는 칸나를 캔 밤

  또 다른 출발점에 서 있었지

언박싱

흔들리는 나무를 보며 밀려오는 순간을 놓쳤어요

나무를 보며 바람을 이해하지 못한 나는 떠나가는 순간만 이해했습니다

빈지 떼어낸 아침이 왁자하게 흐드러지면 나무는 이따금 거꾸로 자랍니다

순간 쏟아지는 생각들과 발끝 머리 세운 저녁이 멀어지고 있었습니다
방향을 잃은 귀밑머리만 나무 주위에서 굳게 닫힌 것들을 모으고 맙니다

알아들을 수 없는 최초의 말이 최후가 되는 고백을 지나치겠습니까
숨겨진 것들의 시간이 오면 자신의 외투 자락을 만들기 위해 맨몸에서 자라는 흰 깃털을 가려내야 했습니다

여기서 열어볼까요

무릎에서 만져지는 흙과 어깨에 매달린 용기 없는

것들

 칼이든 깨진 유리든 발로 밟아야 오랫동안 나무속에 숨은 상처를 발견할까요 속눈썹 위로 공중이 흔들리고 바람은 북쪽으로 불어와 나를 주저앉힙니다

 거센 바람이 안아 드는 밤

 챙 넓은 그늘을 드린 나무속에 단칸방 하나 마련해야지요 붉은 손 비비는 저녁을 업고 구두 굽이 흘린 발자국마저 무척이나 짙어지는 이야기

 반대 방향으로 시작되는 나무를 열어보면

담배꽃 소란

그의 어깨 뒤로 담배밭이 보입니다
연기 속에 사라지는 저녁이 있었습니다

자빠지고 뒹굴고 머리 떨군 담배꽃 담홍자색 고랑을 이루면 당신이 더 선연해집니다

담뱃잎을 따서 밭고랑에 늘어놓으면 형제들은 밭고랑 넘나들며 담뱃잎을 날랐습니다

허리를 펴고 뒷짐을 지면 이랑 너머 산맥이 내려옵니다

온몸으로 큰 강을 껴안고 지나다 하구마다 저녁의 말씀이 한창입니다

언젠가 늙은 초식 짐승의 얼굴로 뒤돌아보면 밭고랑 따라 낯익은 얼굴 하나 보일 것 같았습니다

사랑에 앉아 담뱃잎 말아 피우던 어깨가 화롯불 늙은 그을음으로 쌓여 있었습니다
〈

갑자기 쏟아지는 빗속
우리는 겅중겅중 비설거지를 해야 했습니다

뒷짐 진 산맥이 비탈을 내려갑니다 당신도 어설픈 저녁이란 걸 나는 몰랐습니다

心, 부름

내 이름은 재화

누군가 나를 부를 때마다 마음에 틈새가 발생했습니다

얼음집을 만들고 안에 불을 피우는 족속의 노래처럼
심부름은 심장에 집을 짓고 불을 당기는 노력처럼

이것을 나는 산화라 부릅니다

모두들 나를 재화라 불렀지만
나는 흩날리는 꽃처럼 살았다는 기억으로 남겨졌습니다

달려간 마음은 또는 달아난 마음은

나를 부를수록 뾰족해지는 마음에 대해 이름의 쓸모에 대한 유년에 대해

오랜 역사가 끝나고서야 나는 알았습니다
〈

견고하게 뾰족해진 마음이 나를 노리고 있다는 것을 늦게야 알았음이 좋아 라고 생각할 수 있다고 한 꽃 웃음

내 동공에
다가선 모서리 틈새로
내 이름을 부르는

세모지고 네모진 입술들이 보였습니다

와이키키

해변에 모인 화창한 날씨들
날씨를 모방한 사람들

파도와 파도 사이 햇살이 비집고 들어간 곳
야자수 두 어깨 가지런히 모아둔 해변의 자장가

어느 할머니의 단조가 몹시 오랜 시간 끙끙 앓았습니다

핏줄과 빗줄이 불화하던 지붕을 또 올리며 온몸에 번지는 파문을 물었습니다

"할멈 저 에메랄드빛 바다를 보오"

풍성한 은빛 머리칼 미소 띤 얼굴 묻으면 당신은 내 팔뚝을 베고 잠든 아기

어떻게 이곳까지 밀려왔니?

산호초의 유언이
할미의 할미의 할미까지

〈
밤새 다녀간 마음들이 다만 축복뿐이었습니다

언젠가 사라질 시간도
언젠가 품에서 떠날 아기도

모두 알고 있으나
잠시 신을 모시기로 합니다 그래야 설명되는 것들도 있기에

그날의 지붕을 떠돌던 요란한 파문들이 해변에 닿습니다

할미가 침묵을 앓았습니다
아기가 웃었습니다

레가토legato한 여자에게 선물하기로 마음먹었다

밥 한술 넘기지 못하고 숟가락을 놓았다

식탁의 남은 태도가 소실되자 정수기에서 사각 얼음이 생성되었다

오늘의 공간은 작아서 늘 냄새를 풍긴다

그래 우렁찬 햇살의 냄새가 모두 녹을 때까지 나를 밀어내 본다

산책하러 나가면 목줄을 나무의 손에 쥐여주고 싶었다 낮잠은 활엽수와 함께할 수 있는

가시광선의 눈 맞춤

이건 속눈썹이 동시에 반짝거리는 순간을 말한다

한낮의 공간은 이별하기에 딱 좋은 발음 같으니까 겨울까지는 울지 않을 수 있겠다
나는 죽은 식물을 좋아한다

가권들의 동물적 관습은 내 여유를 이기지 못하니까

오래전 데려온 화분의 각도를 아는 사람이 이 지붕 아래 나 하나라서 다행인 건지도

  그런데 나는 완벽하게 사랑한다고 발음할 수 있다는 사실을 알게 된 거야

  아침의 안녕 그리고 저녁의 안녕
  자 내 손을 잡고 눈을 감아봐 하나둘

  그 애랑 같이 있으면 내가 덜 맞았다 늘 가고 싶은 곳이 있었다 거기는 다들 비슷하게 산다고 어른들이 어른처럼 매력적으로 말하지 않았다

  여전히 한 손에 쥔 건 사적인 이야기와 사적인 눈물의 기원이라고 말해도 될 것 같다
  난 아직 나 말이야

  단물 빠진 기억을 선물처럼 씹고 있으니까

  나의 발음은 모두 거짓이라고 사실 너희 모두 어색하다고 말해버렸다

4부

모든 문장은 심해로 가기 위해 발목을 씻는다

두런두런한 두리안을 안고

 초록이 사소한 문장으로 느껴질 때 가시 돋은 온몸으로 신앙을 열어가는 세계가 있다 수많은 방언들을 주워 담은 말투에서 느긋한 어깨가 제법 잘 어울린다 완성된 계절이 곧 찾아올 것 같았다 그래도 두렵다면 한 명의 활엽을 같이 바라보자 투박한 손으로 그녀 입을 틀어막고 격렬한 무늬의 춤을 추자 그녀의 독특한 취향을 후각적으로 접근해 보자 하나의 줄기를 나눠 가진 열매들이 하나의 햇살을 나눠 가지는 연습을 시작했다 과육의 전기에 몇 개의 이름이 오고 간다 반복되는 성씨를 기억하게 되었다 이름과 이름 사이 비문들이 많이 생겼다 변이된 무늬처럼 속독으로 달랠 수 있는 마음이 있다 그녀가 격렬하게 방언을 던지면 새로운 춤을 출 수 있을 것 같았다 수명을 다한 변명은 이제 그만 접고 우리 다시 만날 약속을 정하자 너는 시 같은 씨를 품었다고 대답해 주었다 내가 너보다 어릴 때

도라지차를 마시며

꽃차와 뿌리차의 차이에 대하여 생각한다

뿌리는 제 뿔로 어둠을 부러뜨리며 나아갔을 것이므로 그도 땅속의 꽃에 다름 아니다

꽃차를 마실 때 나의 표정이 우아하여 보이기를 꿈꾸지 않는다

도라지차를 마실 때 땅속에서 핀 힘겨운 꽃잎과 지상에서 만나야 했던 보랏빛 연민들도 함께 마셨다

별처럼 하얀 꽃잎일 때도 있었다

공룡능선
– 천성산 내원사에 가면

홍진의 소리는 없었다

짚북제 위
백악기를 따라 거닐어 본다

산정은 정물의 세상
나는 한 그루 사람처럼 유물이 된다

용의 이빨이 날 선 능선의 바위 끝
산문과 나의 거리를 잰다

입속 가득한 소음은 멈추고 짐승의 순수한 숨결이 왔다

나는 나를 보지 못하고
나는 나를 보게 된다고

머리 없는 부처들의 허공에 내가 인상印象이 되었다

칼바위는 마무리하지 못한 시詩 같아서 좋았다
내 안에 숨은 구절이 고개를 내민다

공룡의 발자국이 한 그루 한 생처럼 멀어졌다

여수 물녘을 걸었다

허공의 심장이 붉어지고 바다는 이내 어둑해졌다

울음의 칠 할은 물무늬이고
서슬에 불끈한 감정, '섫'이란 말도 있지만 해변의 바윗돌은
감정이 식어 거뭇하다
너무 많은 감정이 까매지듯이 밤이 오고 가만히 보폭을
늘이고 줄이고 먼 길을 온 것 같은데 익숙한 듯 풀숲에선
물 냄새가 났다 먼 반대편 물결이거나 허공을 건너온 빛의
이마는 쓸쓸하고

사람 속을 걷는 일도 그러려니
모서리를 욱여넣은 여수 해변은 실루엣을 풀어 콩테를 흘린다

고흐의 하늘은 두껍고 귀를 떼어내고 돌 속에 은닉한
사랑처럼 물결흔 만져지는 돌의 시간을 향해 걸었다
〈

낯선 체온이 밀려왔다 밀려갔다
늘 곁이었으나 낯선 곁이곤 했다

울음의 팔 할쯤은 돌의 살갗을 부빈 물무늬고 나머지는
글썽거리는 파도 소리일 것이다

돌산에서

물낯 위로 빗물 듣자
붉은 물결이 일었다

꽃대 사이로 몇 차례 폭풍이 지나갔다 날갯짓도 부챗살도 없었으나
계절은 땅심을 향해 휘어졌다

수평을 잃은 아이가 혼잣말한다
모래에 숨은 건 기울어진 몸이 아니라 길눈 잃은 파도입니다

조울 바다는 깊고 기억이 하얘진 아이
물벽에 손거울 그리며 말한다

물속에 숨은 야경은 비밀입니다

혼자서는 결이 될 수 없으니까 곁이 있다 몸통만으로 견딘
홀몸들이
붉어져서 물결 군락이 된 모로 접힌
한때가 있었다

〈
등골이 차가웠으나
꽃무릇 절벽일 거라 믿었다

제 무릎을 쓸던 물굽이가 수평을 맞춘다

정글

아이들이 웃고 있습니다

지상과 멀어진 몸은 이미 주술의 뒷모습입니다

그 몸짓 언어가 미래의 밖입니다 팔과 다리가 엇갈린
능선 또한 오히려 화려하기만 합니다

지축의 가운데 솟은 나는 저 능선을 따라가지 못해
닫힌 사람일 뿐

머리 위 하늘 발아래 땅 이 환한 세상이
아이의 웃음소리에 자지러집니다

아이가 떨어뜨린 열쇠를 줍습니다

내 늠름한 족쇄를 풀고 단잠을 자는

꿈을 꿉니다

내 본성은 외래종이라서 광야를 입에 물고
〈

저 공중의 먼 곳부터 섭식을 시작합니다 눈을 감을수록 개체 수가 증가했습니다

주술이 나를 풀다 말고 떠나갑니다

위해를 입히기 위해 정글이 아이들을 하나씩 먹어 치웁니다

열쇠는 왜 나만 열어 놓고 독이 되는가

애인 뿔 솟았습니다

다육이를 강아지라 부릅니다
손잡고 걸어가는 여러 반려들이 있고
뿔이 자란 쪽으로 질문이 생길 것 같습니다

뾰족한 것들의 주변을 맴도는 강아지
어느덧 꼬리가 무섭게 자라고 있어요

이번 계절은 썩고 짓무른 날들
우리의 이유가 혼자 걷고 있어요
가시들의 사색이 묻습니다
사색이 된 애인의 독백이 빗겨 가네요

컹컹, 언제 태어났는지 기억이 나지 않습니다
한밤을 적시다가 달보다 이른 주검이 됩니다
아침의 방향으로 뿔을 내밀어요

초록의 발톱은 가난한 뿔처럼 바닥을 짚고 일어서요
등 뒤에서 밤이 밤을 누르고 있습니다
손도 없이 반려를 움켜쥐고 있어요

뿔이 가지는 대로

풀은 더 거세게 발음을 내다 버리고
몸살 속으로 흥건히 들어오는 때

꼬리의 끝에서 더욱 뾰족해지는
유물론적 이유를 듣습니다

불면은 가려운 사타구니 쪽으로 흘러내립니다
컹컹, 함께 길을 잃자꾸나

멋진 여자임이 틀림없습니다

출근길에 자라는 소리의 본가를 알겠습니다

여자의 목청을 감탄하기 위해 아침의 내력을 살핍니다

바퀴를 굴린다거나

애견의 목소리를 훔치며 부르다 보면 저기 풀숲의 짐승이 출현할 것 같습니다 도로 위를 사수하는 나무들이 웃으며 자랍니다

예전에도 그리하였습니다

여자는 알을 품기 위해 가슴이 풍만해진다고 하지요

웅장해지는 아침마다 살아남은 숲들이 둥지를 틀었습니다

꽃 같은 여자랍니다

어떤 날은 동백처럼 미련 없이 길 위에 목을 두고 오는 날도 잦았습니다

〈
여자가 낳은 알 온도가 두리번거립니다

죽음을 처음 낳은 것처럼 여자의 소리가 흩어집니다

어쩌면 여자보다 먼저 본가를 나선 것인지도 모릅니다

그 소리는 목소리가 아니었습니다

또각또각

발목이 멋지게 걸어가는 중입니다

다시 출근이 시작되었습니다

물빛 도서관

애먼 느낌으로부터 멀리 왔다 달무리가 예뻤다
산마루는 바람을 앉히고 어스름을 입는다

물살은 점자로 읽어야 한다 흐르는 서가엔 흰 돌이 있고
북방의 겨울이 있다 백 년 전 모던 보이는 필체가 선명하고
MZ들은 액정으로 모던을 읽지만

모든은 물살이고 모던은 여울이니까 서기 여울엔 잔돌이 많다 문장이 굽어지면 사람이 읽힌다 젖은 편지를 쓴 사람은 물의 나라로 떠났다

시원의 첫울음이 있고 광야의 모래바람 불고 물의 낱장은
자꾸만 뜯겨나가도 기어코 한 획인데
백 년 후를 먼저 살다 간 시인은 물에 녹은 메아리 그 부서진
소리에 산야는 화답하고 깊은 계곡을 안고 흘렀지

애먼 느낌으로부터 멀리 왔다 차가운 물살 때문에 가

숨이 시렸다
 물빛 도서관엔 호롱불 가늘게 흔들리는 문장이 많다

 모든 문장은 심해로 가기 위해 발목을 씻는다

 오래된 시문은 물속에서도 횃불인데 가슴을 녹이는 화톳불인데

 물속에서 불타는 문장의 노을을 보려고
 물빛 서가를 뒤적인다

체스 오프닝

금세 나이트를 잃었습니다

벗어놓은 안장에 꽃이 피어났어요

마주 보며 길을 만드는 세상

예측은 먼저 세계의 스타일이라 말하겠습니다

타인의 손끝에 수를 놓아요

비숍의 시간이 사선으로 흘러내릴 때는

잠시 눈썹을 가지런히 모아 세상을 까맣게 만들어 봅니다

가끔씩은 하나를 줘야 하나를 얻는다는 사실

잊게 됩니다 욕심은 왕의 몫이 아니라서 매일 제자리만 맴돕니다

백성을 지키지 못하는 왕의 업적을 껴안고 나는

퀸처럼
무한한 게임을 둡니다

당신은 내가 겨룬 최고의 상대

체. 크. 메. 이. 트.

왕을 내주고 퀸이 웃음을 터트렸습니다

오래된 성벽의 직진을 멈추었습니다

그곳에 가자
― 칠갑산 장곡사에서

꽃이 맑다

산문이 좋아 맨몸처럼 걸었다 걷다가 뒤돌아보면 내 안이 장곡獐谷이 된다

계곡에 눈을 씻다가 낮달 하나 건지면 부처 입꼬리가 그 몸을 멈춘다

오래된 석탑처럼 귀퉁이 낡은 어머니 하대웅 전으로 가실까요

소리 나지 않는 죽비처럼 귀 어두운 나는 상대 운전으로 가야 할까요

묵은 발원 한아름 던져야겠다
피다가 지고 마는 꽃 때문에

내 어머니 안쪽에 장곡을 내고 있었다 몸속 진언을 길어 올려 평생 나를 괴던 어머니

그 가벼워진 경전 하나 가슴에 안고 탑을 돈다

도솔兜率 가지 하나 이름 모르는 돌무덤에 닿는다

고사리 형제들 살냄새 안고 잠들던 곳

내 안 대웅전 두 채가 섰다

햇살 만선

자리끼 한 모금 돌밭 그늘에 펼쳐놓고
미세기를 잰다

물갈음하러 찔러오는 파도와 칼날 뭉개 빛나는 갯돌

물기슭 강목 치듯이
너울로 자란 키를 눕히고

무딘 돌칼과 등허리 마른 너럭바위로
굽이치는 파도는 거망빛 심해를 옮긴다

이물 고물 팽팽한 자오선
벌물 켜듯 해안선을 넘본다

부서진 용골에 빗줄 걸고 늙은 청춘이 바다를 끈다

날물 들물 옮기는 푸른 누에들
물목 감은 닻줄 풀면 항적 곡선이 먼바다로 휜다

거북손 손아귀에 걸린 검푸른 수심을 흥정하면
멸치 떼 검은 봉지 안에서 튄다

〈
비릿한 생멸이 갯물을 흘린다
빈 목선에
은빛 햇살이 만선이다

비양도 전설
- 인어 아가씨

바다에 가면 그녀를 만날 수 있겠습니다

늦은 저녁 섬의 문을 열면 그곳에 그녀가 있을 것 같았으니까요

억새를 지나 고개를 돌리면 그녀의 바닥에는 샘이 솟아오릅니다

- 꽃이 핀 손목을 보았나요 은빛으로 빛나는
그녀 얼굴에 손을 담그면 가슴에 산맥이 돋아납니다

- 맞습니다 그날 볕뉘에 억새가 무성했습니다

저 수면 위에서 잠든 그녀
당신은 잘 알 거라는 생각으로 얼른 말해버렸습니다

뭍에 갇혀 더 이어 쓰지 못한 이야기를
- 망설임은 아무 날의 마중과 같았습니다

당신 대신 절망을 껴입고 푸른 멍을 토해내는 언덕이 되어 발목이 모두 닳아 무릎으로 달려갑니다

〈
　대답 없는 못을 흔들어 깨우면 흰 밤도 환하게 고개 들어

　- 마침표를 완성했어요

　저기 섬의 뒷문이 살진 발음으로 시작하는
　이름 없는 계절을 심어 놓은 바닷가

　나는 당신 닮은 은빛으로 달리기를 멈추지 않겠습니다

바다 삽화

하늘엔 파도치는 구름이 너무 많아
억장이

불빛들이 무너지고 있어
 모래 속으로 비 오는 날은 나만 파래지는 우기라고
일기를 적었어

 차가운 빛은 흔한 일이야

 소리 없는 소리가 너무 크게 들리면 나는 적란운인데
아무도
 젖지 않는다

 비밀을 잎사귀로 겹겹이 덮고
오래 참는 숨

 보이는 것도 들리는 것도 빗속에 타오르는 불길도
입술에 빗장 지른 숨바꼭질을 믿지 않아

 빛 너머 빛깔들
 〈

언덕 너머 숨 많은 숲

나를 떠난 적 있었던 너를 멀리 보낸 적 있었던
삽화

바닷가 물빛에 기대면 지워지는 그림

푸날라우 베이커리

 팔짱을 끼고 조화助化로운 정원으로 나온다 어깨와 어깨 사이 매듭이 풀릴 때 옷소매로 팔이 나오지 않았다
 사라진 팔을 찾아 서성거리는 곳, 빅아일랜드에 나는 가자

 여보 조심히 다녀오세요

 남편이 먹다 남은 커피잔과 구워 팔다 남은 빵 부스러기를 치운다 이른 새벽 발렛 일 나가는 남편의 입술은 바다 향 품은 시큼한 코나 커피 향으로 가득하다

 화산을 먹어야 한다

 음, 여보 오늘은 주말이라서 바빠질 거야 (나빠질 거야)

 한쪽 뺨에 키스를 한 후, 손해를 본 건 뺨일까 입술일까, 궁금함으로 나는 가자, 빅아일랜드의 빅 브라더처럼, 한 손에 알로아 포즈를 취한 다음 차에 오른다 빅 매치가 종을 울린다
 〈

두 볼 상기된 발렛 아내

코나 커피 향 가득한 엉덩이 스텝을 치며 빵 구우러 버려진 부엌으로 나는 향한다

복화술 - 속옷 바람으로 대문 밖으로 쫓겨나던 소녀의 입안 구체를 말한다
돌돌 녹여 먹는다

나는 움직일 수 있는 관절만 사용하면 된다 비겁한 말이 저주의 말을 낳을 때마다 사라진 팔뚝이 움직인다
소녀들의 관절을 숨긴 아버지, 한 움큼 금발의 나라로 가자 눈썹이 하나둘 질식이다

차량 많은 주말 거리를 뚫고 가풀막을 향하여 머리에는 빵을 이고 간다 화산 속에 사라진 팔을 던지고 내일의 팔짱은 내일로 가자

∞해 설

그리움의 두께

황정산(시인, 문학평론가)

1. 들어가며

황지우의 「너를 기다리는 동안」이라는 시를 요즘 젊은 학생들에게 들려주면 그들은 그 상황과 정서를 이해하지 못한다. 누군가 또는 무엇인가를 오래 기다려본 경험이 없기 때문이다. 우리는 지금 모든 것이 즉각 충족되고 확인되는 시대에 살고 있다. 아침에 먹을 신선식품은 밤사이에 배달되어 현관 앞에 놓여 있고, 만날 약속을 한 사람의 동선은 실시간으로 확인된다. 현대 사회는 이렇게 기다릴 이유도 기다릴 필요도 없는 기다림 부재의 사회라 할 수 있다.

기다림에 관계되는 인간의 정서는 그리움이다. 그리움

은 결핍을 견디는 정신적 자세이다. 인간은 항상 결핍을 느끼면서 살고 있다. 욕망의 환유만이 가능하고 근원적인 욕망을 완전히 채울 수 없기 때문이다. 그 좌절된 욕망이 슬픔의 근원이 된다. 그래서 슬픔은 인간에게 가장 근본적인 정서이다. 슬픔이 외부로 향할 때 분노가 되고, 잠시 슬픔을 잊을 때 우리는 그것을 기쁨이라고 말한다. 이렇게 슬픔은 모든 감정의 기초를 형성한다. 기다림은 이 슬픔을 연기하여 견디는 것이다. 그 견디는 마음에서 생겨나는 정서가 곧 그리움이다. 그러므로 그리움은 욕망의 좌절에서 생겨나는 상처와 고통을 치유하는 정신적 기제이기도 하다. 이렇게 보았을 때 현대 사회에서 많은 사람이 겪는 정신적 문제는 이 그리움의 사라짐에서 기인한다고 봐도 과언은 아니다.

    신재화의 시들은 바로 이 그리움에 관한 것이다. 그의 시들은 그 그리움이 무엇이고, 그리움이 우리의 삶에 어떻게 침윤되어 있는지를 보여줌으로써 우리의 마음속에 깊이 숨겨져 있는 슬픔을 끌어내고 그것을 치유한다. 그의 시어들이 슬프면서도 비통하지 않고 예리하면서도 따뜻한 이유가 여기에 있다.

2. 그리움의 정체

신재화 시인의 시들의 그리움은 어디서 오는 것일까? 시 안의 서정적 주체는 무엇을 그리워하는 것일까? 다음 시에서 우리는 그 단서를 찾을 수 있다.

자꾸 창밖을 보는 사람

안과 밖 사이를 틈이라고 말한다면 당신의 이름은 새라고 해야 할 것 같다

창틀에 앉은 건 나일까 당신일까

두 마음의 평정을 유지한다는 말

양 날개의 균형이 무너진다 나는 아직 창문을 열어주지도 못했는데

베란다에 놓아둔 언덕은 여전히 둘 자리가 없다

나는 미련 많은 숲처럼 떠난 새를 기다리는데

틈 속에 숨은 바람이 애틋하고 소중해서 가끔은 새의 둥지에서 서성대지만 단호한 언덕의 말씀을 나는 듣고 싶지 않았다

내 기억하는 모든 날이 큰비로 쏟아지면 안식의 나무로 숲은 채워지겠네

아직도 나의 왼쪽은 동적이라서 영감이 막 떠오르고 심장의 계절을 잃는다

곧 베란다의 일과가 끝나기를 기다리다 말고
― 「틈새」 전문

"자꾸 창밖을 보는 사람"은 "안과 밖 사이"의 공간, "틈새"에 있는 사람이다. 시인은 이 공간에 있다. 그는 안에 있으면서 바깥을 보고, 바깥에 있으면서 안에 붙잡혀 있다. 한 마디로 경계에 서 있다. 그가 경계에 서 있는 이유는 "당신"이라고 부르는 누군가를 기다리기 때문이다. 그 "당신"은 숲을 떠난 새와 같은 존재이다. 시인은 숲이면서 새를 기다리고, 새이면서 숲을 꿈꾼다. "창틀에 앉은 건 나일까 당신일까"라는 질문이 그것을 말해준다. 기다림은 바로 이 정주와 유랑 사이의 간극에서 기인한다. "단

호한 언덕의 말씀"은 구획과 규율을 의미한다. 그것으로 나와 너를 구별하고 안과 밖을 구획 짓는다. 하지만 시인은 이 질서의 말씀을 거부하고자 한다. 그럴 때 비로소 "기억하는 모든 말이 큰비로 쏟아지"고 숲은 풍성함으로 채워진다고 생각한다. 경계를 짓고 구분을 만들어 세상을 단순하고 단호한 질서로 납작하게 만들려는 상투적인 인식을 거부하고 '큰비처럼 쏟아지는' 풍부한 영감의 세계를 찾는 것 그것이 신재화 시인이 기다리는 그리움의 실체가 아닌가 한다.

다음 시는 좀 더 감각적으로 그리움의 다른 측면을 표현하고 있다.

화병에 죽은 꽃들이 모여 산다

어감이 강한 꼬리표로 읽혔다

유령이 스며드는 밤이 오고 있었다

안쪽으로 모이는 궁금증들 물음표로 확인할 수 없는 답들

나는 안개가 아니에요

안개꽃이 대답을 했다 걷잡을 수 없는 말들이 피고
졌다

흰색의 항명은 마고의 죽음일지도 모른다 바깥의 세 눈
까마귀가 검정의 암시인지도 모른다

여자는 이럴 때 웃을까 울까

안의 창을 깨고 흰 영혼의 가루를 날려 보낸다

화병의 속은 검정이 번지고 있었다

한밤중에 손이 얼굴을 덮는 기분

여자는 여자를 물었고
바깥은 너무 후각적이다

검정을 위해 물관의 단면을 재빨리 파묻었다
꽃처럼 식은 하얀 심장들 화병의 바닥에서 서로의 벼랑
을 묻고 있었다

안쪽이 모두 끝날 때까지

〈
바깥 껍질은 길게 벗겨야 했다

　　　　　　　　- 「바깥 냄새가 좋다」 전문

　화병의 죽은 꽃들은 모든 갇혀 있는 것들의 운명을 상징한다. 시인은 그것을 밖으로 내보내기로 한다. 하지만 죽은 안개꽃은 안개가 아니라고 바깥으로 나가기를 두려워한다. "세 눈 까마귀"로 표현된 어둠의 공포 때문이다. 하지만 시인은 이 캄캄한 어둠이 지배하는 바깥의 냄새에 끌리고 만다. 후각은 인간의 감각 중에 가장 정서적인 감각이다. 그것은 기억을 떠올리게 하고 기억과 관련된 정서를 불러낸다. 시인은 죽은 꽃들을 바깥에 버리면서 이 후각에 이끌린다. 그것은 공포의 냄새이면서 자유의 냄새이고 안쪽으로 천천히 번져와 유령처럼 스며드는 그런 냄새이기도 하다. 그리고 이 바깥의 냄새로 "안쪽이 모두 끝날 때까지" 화병의 속처럼 검은 어둠으로 채우고자 한다. 안정을 뒤흔드는 알 수 없는 그래서 두려운 새로운 세상에 대한 그리움을 이 시는 냄새라는 유혹적인 감각으로 그려내고 있다.

　이 시집의 표제작인 다음 시는 신재화 시인의 시들이 가진 그리움의 정체를 좀 더 구체적으로 보여준다.

약속은 등줄기를 타고 흘러내립니다

그 세상을 어린 신부의 분홍빛이라고 표기하겠습니다

여기는 햇살이 등 돌린 반지하

싸구려 로션 쌤플 하나로 분홍이 되던 얼굴이 있었습니다 그대 마음과 함께 포개어진 두 손

그날의 약속은 매일 성탄제 같았어요

때론 녹슨 바다를 향해 외치는 가난들을 보면 고래 숨통이 터트리는 분수가 떠오릅니다

몸 한구석이 뜨거워지면 작은 방은 박하향
그러나 심해에 잠든 폐선을 그리워했는지 모릅니다

내 마른 혀를 다 기록할 수 없습니다

손 모아 밝힌 별눈 한 조각씩 나누면 가난하여도 아름다워지는 이유를 가르쳐 줍니다

촛농이 구멍 난 약속을 메우고 새벽은 다시 첫새벽

우리는 핏자국 물든 시간을 생각해야 합니다

얼룩은 때론 거룩이니까

— 「핑크, 펑크」 전문

"햇살이 등 돌린 반지하"는 가난한 삶을 떠올리는 환유이다. 하지만 시인은 그것을 "그날의 약속"이라는 은유로 바꾼다. 좀 더 나아지길 원하는 미래에 대한 간곡한 기도가 필요하기 때문이다. 그러므로 제목의 "핑크"처럼 가난한 행복이 있었던 곳이기도 하다. 시인은 이 간구를 "녹슨 바다를 향해 외치는 가난들"이라고 표현하고 있다. 하지만 이런 기원이 쉽게 이루어지지 않는다. 그것은 "핏자국 물든 시간"들을 통해 끝없이 연장되고 지연된다. "핑크"의 행복이 "펑크"와 함께 오는 것은 바로 이 때문이다. 이 시에서 "펑크"는 구멍이 뚫려 망가지는 것을 뜻하는 punkture의 한국식 표현이기도 하고, punk라는 반항적이고 거친 록음악이나 그 스타일의 예술을 말하기도 한다. 어쩌면 이 시의 제목 중 일부인 "펑크"는 이 두 의미를 모두 가지고 있을지도 모른다. 완전히 채워지길 기다리는 "핑크"의 행복은 끝없이 채워지지 않은 구멍으로 남아 있고, 그 빈자리를 "펑크" 문화가 떠올려주는 상처와 저항이 대신하고 있다고 이 시는 말하고 있다. 그런데 그 상처의 핏빛 얼룩이 "때론 거룩이" 된다. 거기에는 "핏자국 물든 시간"이 만들어 놓은 기다림이 있기 때문이다. 이 처절한 기다림의 시간이 시인의 마음속에 아주 간절한 그리움을 만들고 있다.

3. 그리움의 환유

신재화 시인의 시들은 쉽게 이해되지 않는다. 논리적 연관은 곳곳에서 끊어져 있고, 다소 난삽해 보이는 언어와 이미지가 착종된 채로 어지럽게 등장한다. 전통적인 시의 독법으로는 읽히지 않는 그런 언어들로 그의 시는 만들어졌다. 그의 시는 은유를 통해 응축된 의미를 보여주는 것이 아니라, 끝없이 확장되는 환유의 연쇄를 통해 의미를 해체하고 부풀려 다른 것으로 만들어 버린다.

> 모란을 생각하다 저물었다 내가 좋아하는 사슴에게 기울기를 잊은 채 말했다
>
> - 머리에 인 화관이 핏빛이네 이제 용서할게

〈

　사금파리를 옮기는 붉은 달이 있었다 눈을 들어 많은 것을 생각했고 더 많은 것을 지우기도 했다

　만져보면 햇빛도 들지 않는 다락방

　- 더러는 결이었고 때로는 비겁이었어

　백 년도 모자란 발목을 따르는 새벽
　곡기를 끊은 독기를 만져보다가 열 개의 그늘 뒤에 남은 날들을 헤아려 본다

　사슴을 탐독하려다 아름답게 말하는 손톱 적설을 태운다

　푸른 머리에 얼음을 붓고
　부고를 읽기도 전에 다 마르지 않은 나를 낭독하며 끄트머리가 붉기를 바란다고

　만년설은 언젠가 꽃눈을 찾으러 떠날 것이다

　시듦을 알기에 모란을 생각하다가 오뉴월을 보냈다

〈
　　가슴뼈 환한 화관 사이로 서성이는 날갯짓 잊은 날개들

　　어느 한적에 놓인 목련 한 그루와 사슴을 잃은 가슴

　　화관을 쓰려다 붉게 물든 손톱 응달을 오래 보았다
　　　　　　　　　　　　　　　－「손톱 응달」 전문

　손톱에 응달이 있다는 말은 처음 듣는 말이다. 거기다가 사슴의 화관에서 손톱으로 연결되는 시인의 상상력을 따라가기 쉽지 않다. 환유를 통해 이미지에서 다른 이미지로 의미에서 다른 의미로 거침없이 건너뛰기 때문이다. 시인은 모란을 보다 사슴을 생각한다. 사슴의 뿔이 모란으로 만든 화관을 떠올리기 때문이다. 모란과 사슴의 뿔이 아무런 비유적 유사성이 없음에도 시인의 의식 속에서는 머리에 이는 꽃장식인 "화관"이라는 단어를 통해 연결된다. 이런 환유의 방식으로 시인은 자유롭게 이미지를 전환한다. 이렇게 해서 사슴은 모란과는 전혀 관련이 없는 눈을 떠올리고 하얀 눈은 다시 목련을 떠올리게 한다. 이 모든 환유의 연쇄를 통해 "화관"을 머리에 쓰는 행복과 영광의 순간은 수많은 심상을 통해 설명된다. "만년설"의 "꽃눈"처럼 실현되기 힘든 희망이기도 하고 "사슴을 잃은 가슴"처럼 채울 수 없는 결핍의 시간을 통해서 오는 것이기도 하고 "곡기를 끊은 독기"처럼 처절한 고투의 나날로 가능한 것이기도 하다. 그 기다림의 시간을 시인은 "손톱 응달"이라는 시인만의 조어로 표현하고 있다. 손톱의 반달 부분이 시인에게는 "붉게 물든 … 응달"로 보인 것이다. 그만큼 간절한 그리움이 만든 기다림의 시간이 필요했기에 그 고통 또한 컸기 때문이리라.

다음 시는 이런 환유적 사고를 비유적으로 표현하고 있다.

은사시나무를 아시나요?

당신 앞에 놓인 하루를 키운다면 저런 모습이겠지요

그리고 우리의 거리가 저만큼의 간격이 되겠네요
나의 쓸모는 저기 백색의 숲에 놓고 왔답니다

우리는 서로 비슷한 세포를 모시고 산다고 말하고 싶어요

저 백색의 금속성이 너무 아프다고 몰래 말 전해달라고 말입니다

〈

우리가 얼마나 식물적인지 우리가 알 필요는 없어요

저 백색의 녹음을 만지며 우리는 둥근 식물원이 됩니다

흙내 가득한 하루의 무덤

우리를 마중 나오는 날, 우리는 다시 묘목원이 되겠습니다

　　　　　　　　－「백 마리의 말이 끄는 식물원」 전문

　시인은 우리의 삶을 은사시나무로 비유하고 있다. 은사시나무는 조금의 미풍에도 온몸을 떨며 자신의 이파리의 다양한 모습을 보여준다. 앞면과 뒷면이 다른 색깔로 된 나뭇잎은 이런 모습을 좀 더 강조한다. 그 다채롭고 시시때때로 변하는 다양한 모습을 하나하나 그려 완전한 은사시나무를 표현할 수 있다면 그것은 완전한 환유가 된다. 그것을 전하는 "백 마리의 말"은 수많은 단어로 된 백 마디의 말이고 그것은 은사시나무를 표현하는 끝없는 환유의 연쇄를 의미하는 것이라고 할 수 있다. 우리의 삶이나 우리가 사는 세계도 이와 다르지 않다는 것이 시인의 생각이다. "백색의 녹음을 만지며 우리는 둥근 식물원

이" 된다는 말이 바로 그것이다. 은사시나무와 식물원은 우리의 삶에 대한 은유이지만 이 은유는 환유를 통해서만 아니 끝없이 계속되는 환유의 연쇄를 통해서만 실체를 보여줄 수 있다는 것을 시인은 말하고 싶은 것이다.

신재화 시인은 왜 이렇게 이해되지 않는 환유의 모험을 계속하는 것일까? 그것은 상투적으로 너무도 많이 사용되어 납작해진 일상어와 기존의 시적 비유들을 부풀려 새로운 의미와 정서로 확대하기 위해서이다. 이런 환유의 방식을 통해 그의 시가 보여주는 그리움의 정서를 훨씬 풍부하게 그려낸다. 그의 시가 보여주는 그리움은 상투적이고 감상적인 의미의 그리움이 아니라 풍부한 의미와 정서의 두께를 가진 그런 그리움인 것이다.

다음 시는 '열다'라는 의미를 환유를 통해 다양하게 변주한다.

흔들리는 나무를 보며 밀려오는 순간을 놓쳤어요

나무를 보며 바람을 이해하지 못한 나는 떠나가는 순간만 이해했습니다

빈지 떼어낸 아침이 왁자하게 흐드러지면 나무는 이따금 거꾸로 자랍니다

〈

순간 쏟아지는 생각들과 발끝 머리 세운 저녁이 멀어지고 있었습니다

방향을 잃은 귀밑머리만 나무 주위에서 굳게 닫힌 것들을 모으고 맙니다

알아들을 수 없는 최초의 말이 최후가 되는 고백을 지나치겠습니까

숨겨진 것들의 시간이 오면 자신의 외투 자락을 만들기 위해 맨몸에서 자라는 흰 깃털을 가려내야 했습니다

여기서 열어볼까요

무릎에서 만져지는 흙과 어깨에 매달린 용기 없는 것들

칼이든 깨진 유리든 발로 밟아야 오랫동안 나무속에 숨은 상처를 발견할까요 속눈썹 위로 공중이 흔들리고 바람은 북쪽으로 불어와 나를 주저앉힙니다

거센 바람이 안아 드는 밤

챙 넓은 그늘을 드린 나무속에 단칸방 하나 마련해야

지요 붉은 손 비비는 저녁을 업고 구두 굽이 흘린 발자국
마저 무척이나 짙어지는 이야기

반대 방향으로 시작되는 나무를 열어보면

— 「언박싱」 전문

언박싱은 기다림이 완성되는 순간이고 기다림을 통한 그리움이 실현되는 바로 그 시간이다. 각종 상품의 소비를 통해 확대된 욕망을 채우며 사는 지금의 자본주의 현대 사회에서 "언박싱"하는 시간보다 행복한 시간은 없을 것이다. 하지만 시인은 이 여는 행위를 환유를 통해 수많은 다른 이미지로 바꾸어 표현한다. 시인은 배달된 상품을 풀어보는 이 극적인 행복감을 잠시 미루어 더 오래 만끽하고 싶어 나무를 쳐다본다. 그러다 이 행복한 시간에 매달려 자유로운 바람을 잊고 있었다는 사실을 깨닫는다. 그러면서 오래오래 자란 나무와 배달된 "외투 자락을 만들기 위해" "흰 깃털을 가려내야" 하는 많은 노력과 정성의 시간도 함께 떠올린다. 그리움이 완성되는 이 순간과 나의 이 완성된 기쁨이 사실은 많은 누군가 "흘린 발자국"이 만들어낸 그런 노력을 통해 가능하다는 것을 알게 된다. 자신이 기다리는 그리움이 얼마나 많은 존재들이 함께 생각하고 이루어내는 것인지를 시인은 우리에게 알

려주고 있다. 그리움의 깊이와 두께가 느껴진다.

4. 맺으며

　신재화의 시에는 어려운 말이 등장하지 않는다. 그럼에도 그의 시를 읽는 것은 쉽지 않다. 일상어의 어법과 종래의 시적 문법으로는 해석되지 않는 언어 표현과 시적 구조를 가지고 있기 때문이다. 신재화 시인은 중첩되는 환유를 통해 단어의 의미를 끊임없이 부풀리고 확장한다. 그래서 언어가 빈약한 의미로 납작해지는 것을 거부하고 새로운 의미로 풍부하게 되살아나기를 도모한다. 이런 그의 시작법은 그가 표현하고자 하는 그리움의 정서 또한 풍성한 깊이로 다가오게 한다. 이럴 때 그리움이라는 정서는 불온한 저항을 그 안에 감추고 있다. 그리움은 지금 여기에 매여 있는 현실에 있는 것이 아니라 저 밖의 자유로움으로부터 오기 때문이다.

> 세상 모든 춤은 불온하다고
> 질서에 순응하는 사람은 춤을 추지 않습니다
> 　　　　　　　　　　　　　－「피아졸라의 춤」 부분

여기에서 춤은 시 쓰기와 다르지 않다. 질서에 묶여 있는 사람은 시를 쓸 수 없다. 그러므로 모든 시들은 불온하다. 이렇게 질서와 규범을 넘어서는 그리움은 막연한 감상이 아니라, 우리의 삶에 침윤된 슬픔과 절망을 견디게 하는 진정한 치유의 힘이 될 수 있다. 이 한 권의 시집이 그것을 잘 보여준다.

상상인 시인선 *065*

핑크,
펑크

지은이 신재화
초판인쇄 2024년 12월 23일 **초판발행** 2024년 12월 30일
펴낸곳 도서출판 상상인 **편집주간** 황정산 **펴낸이** 진혜진
표지디자인 최혜원 **기획·마케팅** 전은빈 최유림 노혜림 정현수
책임교정 종이시계 **편집** 세종PNP
등록번호 제572-96-00959호 **등록일자** 2019년 6월 25일
주소 06621 서울시 서초구 서초대로74길 29, 904호
전화번호 02-747-1367, 010-7371-1871
팩스 02-747-1877 **전자우편** ssaangin@hanmail.net

ISBN 979-11-93093-81-8 (03810)

값 12,000원

* 이 책은 전부 또는 일부 내용을 재사용하려면 반드시 저작권자와 도서출판 상상인의 동의를 받아야 합니다.

* 이 도서의 국립중앙도서관 출판시도서목록(CIP)은 서지정보유통지원시스템 홈페이지(http://seoji.nl.go.kr)와 국가자료공동목록시스템(http://www.nl.go.kr/kolisnet)에서 이용하실 수 있습니다.